Le yoga des petits
pour bien dormir
appartient à

. . . .

Pour Liberty Rose, affectueusement – R. W.
Pour mon petit-fils, Jacob John – M. S.

Traduit de l'anglais par Stéphanie Alglave

ISBN : 978-2-07-057624-1
Titre original : *Sleepy Little Yoga*
Publié en Grande-Bretagne par Hutchinson,
une division de Random House Children's Books

Numéro d'édition : 185554
Loi n° 49-956 du 16 juillet 1949
sur les publications destinées à la jeunesse
1er dépôt légal : septembre 2006
Dépôt légal : juillet 2011
Imprimé à Singapour

Le yoga des petits pour bien dormir

Rebecca Whitford & Martina Selway

GALLIMARD JEUNESSE

Petit yogi...

met la tête à l'envers comme une

pouic-pouic

chauve-souris.

Petit yogi. . .

cligne des yeux comme un

hou-hou,
hou-hou

hibou.

Petit yogi. . .

s'étire pour sentir
l'air de la nuit comme un

renard.

Petit yogi...

s'allonge comme un

petit lapin fatigué.

Petit yogi...

tend ses jambes vers

les étoiles comme un

ourson.

Petit yogi...

se roule en boule comme un

petit hérisson.

Petit yogi...

bourdonne comme une

abeille endormie.

Petit yogi...

se penche doucement
vers le bas comme un

papillon de nuit
qui rêve.

Petit yogi...

vole

sur un nuage

au milieu des étoiles :

r r r r r r r

« ron-pff ».

Le yoga des petits pour bien dormir

Conseils aux parents et aux éducateurs

Le yoga des petits pour bien dormir propose une séance de yoga relaxante permettant aux petits de se détendre à l'heure de la sieste ou du coucher : il suffit d'imiter Petit yogi et les animaux nocturnes, soit en pratiquant les postures avec un adulte, soit en lisant de manière interactive. Les postures présentées incluent des flexions vers l'avant qui décontractent l'enfant et sont généralement pratiquées en fin de journée. Le « palming », qui consiste à couvrir les yeux, a un effet reposant. Le bourdonnement de l'abeille est une technique de respiration utile en cas d'insomnie. Avec la pratique, les postures de yoga favorisent le calme chez l'enfant en créant des moments de tranquillité.

Le yoga des petits pour bien dormir est un prétexte à l'amusement et à la détente. Il ne s'agit pas d'un manuel à proprement parler. N'imposez rien à votre enfant et prodiguez-lui de nombreux encouragements.

Conseils pratiques

- Pratiquez pieds nus sur une surface non glissante ; choisissez un espace dégagé dans une pièce chauffée et portez de préférence des vêtements amples et confortables, comme un pyjama.

- Comme pour tout exercice, il vaut mieux ne pas effectuer cette séance de yoga immédiatement après un repas.

- Faites les mouvements avec votre enfant afin qu'il puisse vous imiter.

- Tenez compte des capacités de votre enfant et laissez-le exécuter les mouvements à son rythme, tout en lui apportant votre aide si nécessaire.

- Encouragez votre enfant à réaliser les postures, mais ne cherchez pas à ce qu'il atteigne immédiatement la perfection. Cette séance doit, avant tout, être une expérience amusante et positive.

- Ne forcez pas votre enfant à adopter une posture particulière, ni à la conserver trop longtemps.

- Laissez votre enfant s'amuser en imitant une posture, avant de passer à la suivante.

- Si vous lui racontez une histoire, votre enfant se détendra plus facilement pendant la posture de repos.

- Les postures des enfants photographiés ne sont pas parfaites car ceux-ci les ont interprétées à leur manière.

Les exercices de yoga doivent avant tout rester **simples** et **amusants**.

Description des postures

La chauve-souris (flexion vers l'avant) : debout, pieds écartés, levez les bras vers le haut, puis penchez-vous vers l'avant à partir du bassin en laissant vos bras, vos mains et votre buste s'abaisser vers le sol. Fléchissez les genoux si cela vous semble plus confortable. Redressez-vous en déroulant lentement la colonne vertébrale pour revenir à votre position de départ.

Le hibou (palming) : asseyez-vous sur les talons, en gardant la colonne vertébrale bien droite et les yeux bien ouverts. Cillez deux ou trois fois. Frottez les paumes de vos mains devant votre poitrine pour les réchauffer puis baissez la tête et posez vos paumes en forme de coque sur vos yeux. Gardez-les ainsi jusqu'à ce qu'elles aient refroidi, puis recommencez.

Le renard (étirement à genoux) : asseyez-vous sur les talons, redressez-vous sur les genoux en levant vos bras au-dessus de votre tête. Ensuite, étirez-vous vers le haut en plaçant les paumes de vos mains face à face. Levez le menton et regardez vers le plafond.

Le lapin (le cygne) : après la posture du renard, asseyez-vous sur les talons, penchez-vous vers l'avant en fléchissant le buste sur vos cuisses et en posant votre front sur le sol. Vos bras sont étendus devant vous. Restez dans cette position et détendez-vous.

L'ourson (jambes levées tendues) : allongez-vous, ramenez les genoux sur votre poitrine en plaçant les bras le long de votre corps, paumes tournées vers le bas. Levez les jambes et poussez sur vos talons tout en rentrant le menton. Repliez les genoux, puis répétez le mouvement.

Le hérisson (genoux sur la poitrine) : après la posture de l'ourson, serrez les genoux contre votre poitrine, redressez la tête et le haut de votre buste en direction de vos genoux tout en rentrant le menton, puis allongez-vous à nouveau sur le sol.

L'abeille (bourdonnement de l'abeille) : asseyez-vous, pliez les genoux et placez les plantes de pieds l'une contre l'autre. Gardez la colonne vertébrale bien droite. Posez le dos de vos mains sur vos genoux, fermez les yeux et inspirez par le nez. Fermez la bouche sans trop serrer les lèvres et expirez lentement en émettant le son « mmmmm... ». Inspirez de nouveau et recommencez plusieurs fois.

Le papillon de nuit (le papillon) : en position assise, pliez les genoux et placez les plantes de pieds l'une contre l'autre en enserrant vos orteils avec vos mains. Redressez votre colonne vertébrale, pliez vos coudes et penchez-vous vers l'avant en amenant la poitrine vers vos pieds. Laissez vos genoux descendre vers le sol. Pour terminer, ramenez vos genoux l'un contre l'autre et redressez-vous.

Repos (savasana) : allongez-vous sur le dos, en gardant le corps bien droit. Vos pieds doivent être écartés de la largeur de vos hanches et vos orteils tournés vers l'extérieur. Écartez légèrement vos bras de votre corps, en tournant vos paumes vers le haut. Votre tête doit rester dans le prolongement de votre colonne vertébrale. Fermez les yeux et imaginez que vous volez sur un nuage dans le ciel nocturne, au milieu de la lune et des étoiles...

La chauve-souris (flexion vers l'avant)

Le hibou (palming)

Le renard (étirement à genoux)

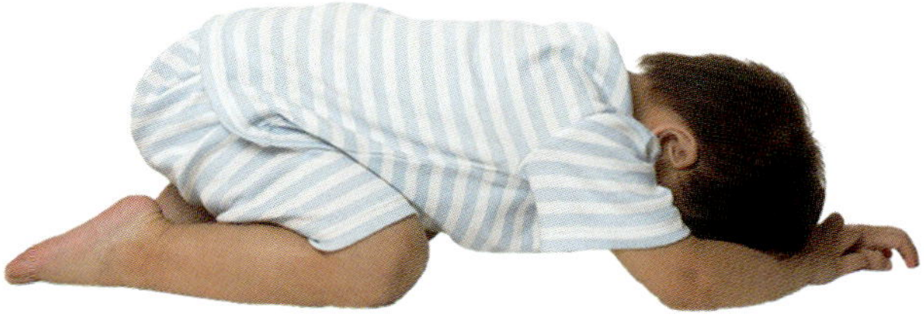

Le lapin (le cygne)

L'ourson (jambes levées tendues)

Le hérisson (genoux sur la poitrine)

L'abeille (bourdonnement de l'abeille)

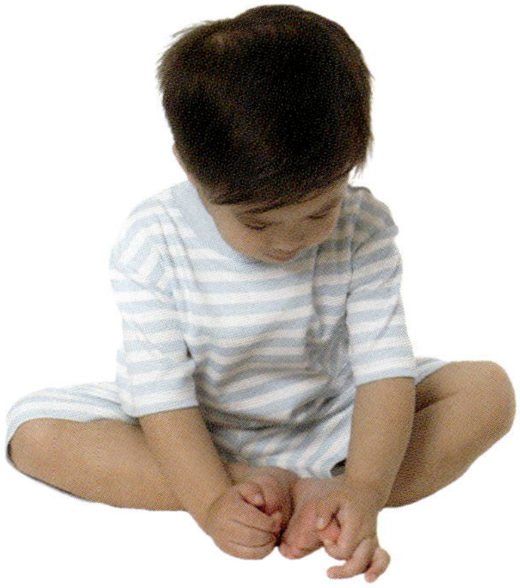

Le papillon de nuit (le papillon)

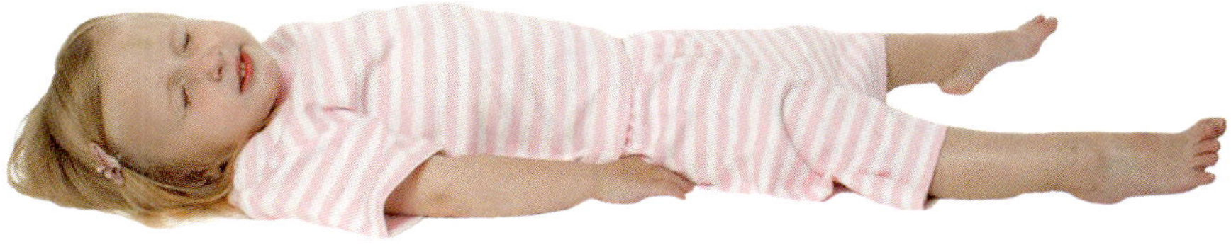

Repos (savasana)